CHEMINS DE FER

BIBLIOTHÈQUE DU PROGRÈS

HISTOIRE

DES

CHEMINS DE FER

PAR

BENJAMIN GASTINEAU

—

PRIX : 50 CENTIMES

La vapeur. — Théorie et application. — Machines à vapeur. — Locomotives. — Navigation. — Héron d'Alexandrie. — Salomon de Caus. — Denis Papin. — James Watt. — Cugnot. — Blackett. — Fulton. — Livingston. — Stephenson. — Seguin. — Statistique des chemins de fer. — Les accidents.

PARIS

Chez tous les Libraires

Tours — Imprimerie nouvelle. — E. Mazereau. — Passage Richelieu, 11

1863

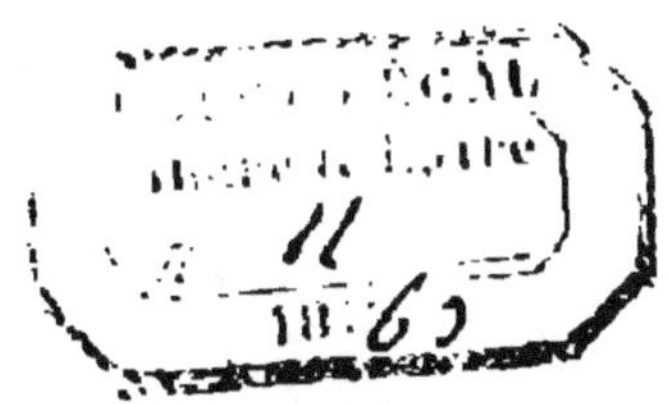

HISTOIRE DE LA VAPEUR

ET DES

CHEMINS DE FER

I

LA VAPEUR

La vapeur est, après l'imprimerie, la
découverte qui a le plus amélioré les conditions de la vie humaine. En effet, avant
que la vapeur ne fût découverte et utilisée, c'était chose sérieuse qu'un voyage

de cinquante lieues. Au xviie siècle encore, madame de Sévigné ne se rendait pas sans peine ni terreur de Paris à Blois, dans ces lourds carosses qui souvent se brisaient aux cahots du chemin. On faisait alors son testament avant de se mettre en route. Le voyage en mer était encore plus effrayant. Quand la brise était contraire ou ne soufflait plus, il fallait rester en panne ou relâcher à la côte, au risque de se briser. La vapeur a supprimé à la fois la distance et le danger. En une heure, elle nous fait franchir dix lieues sur des rails; en trentesix heures, elle nous emporte à cinq cents lieues du port, domptant les vagues avec une roue, narguant les tempêtes, marchant contre vent et marée! Grâce à son action, l'homme fait aujourd'hui le tour du monde avec plus de tranquillité qu'un voyage de Paris à Blois, il y a deux siècles. La distance n'est plus qu'un être de raison, l'espace qu'une entité métaphysique dépourvue de toute réalité.

La civilisation a enfin trouvé ses ailes de fer et remplacé supérieurement les tristes ailes de cire de l'Icare antique. Pouvant se rapprocher et se réunir sans aucune difficulté, les hommes, il faut l'espérer, s'entendront mieux dans le présent et dans l'avenir que dans le passé; ils substitueront les raisons aux horions et aux coups de canon, dont le règne est aussi fastidieux qu'infiniment trop prolongé. « Lorsque la vapeur sera perfectionnée, a dit Châteaubriand, lorsque, unie au télégraphe et aux chemins de fer, elle aura fait disparaître les distances, ce ne seront pas les individus, ce ne seront pas seulement les marchandises qui voyageront d'un bout du globe à l'autre avec la rapidité de l'éclair, mais encore les idées. »

Tout en constatant la rapidité des progrès dans les mœurs et dans les idées que la vapeur permet d'accomplir à l'humanité, n'oublions pas qu'elle est devenue l'âme de l'industrie moderne, le moteur puissant de la mécanique, soit qu'elle communique le mouvement à une machine, soit qu'elle serve à épuiser des eaux ou à élever des fardeaux. Que d'applications encore inconnues de cette nouvelle puissance de la civilisation l'imagination n'entrevoit-elle pas! Avant dix ans, le labourage à vapeur, que l'Angleterre pratique déjà sur une grande échelle, aura remplacé en Europe la charrue Dombasle, comme la locomotive à grande vitesse a remplacé la voiture. La vapeur sera le moteur unique de l'agriculture et de l'industrie.

II

LA THÉORIE

HÉRON D'ALEXANDRIE.—SALOMON DE CAUS.

Quoique la force de la vapeur n'ait été sérieusement comprise et utilisée que depuis un siècle, il est certain cependant que l'antiquité la connut. Les anciens avaient observé le phénomène de la *vaporisation;* ils avaient constaté que l'eau de notre globe tend à passer à l'état gazeux en été aussi bien qu'en hiver. Dans l'éloge de James Watt, prononcé devant l'académie de Paris en 1834, le savant Arago dit que les Grecs et les Romains n'ignoraient pas que la vapeur d'eau peut acquérir une puissance mécanique prodigieuse. Il rapporte l'anecdote d'Anthémius, architecte de Justinien, qui, ayant une habitation contiguë à celle de Zénon, son ennemi, imagina de placer dans le rez-de-chaussée de sa propre maison plusieurs chaudrons remplis d'eau. De l'ouverture pratiquée sur le couvercle de chacun de ces chaudrons partait un tube flexible qui allait s'appliquer dans le mur mitoyen, sous les poutres qui soutenaient les plafonds de la maison de Zénon. Ces plafonds dansaient comme s'il y avait eu de violents tremblements de terre, dès que le feu était allumé sous les chaudrons. Il mentionne aussi l'histoire du dieu *Busterich*, dont la tête en métal renfermait une amphore d'eau. Des tampons de bois fermaient la bouche et un autre trou situé au-dessus du front. Des charbons placés dans une cavité du crâne échauffaient graduellement le liquide. Bientôt la vapeur engendrée faisait sauter les tampons avec fracas alors elle s'échappait en deux jets et formait un épais nuage entre le dieu et ses adorateurs interdits. C'est ainsi que fonctionnait l'idole devant des assemblées teutones.

« Le premier exemple de mouvement engendré par la vapeur, dit encore Arago, je le trouve dans un joujou, dans un éolipyle d'Héron d'Alexandrie, dont la date remonte à cent vingt ans avant notre ère. Si jamais la réaction d'un courant de vapeur devient utile dans la pratique, il faudra incontestablement en faire remonter l'idée jusqu'à Héron ; aujourd'hui l'éolipyle rotatif pouvait seulement être cité comme la gravure en bois dans l'histoire de l'imprimerie. »

Héron décrit ainsi l'effet d'un jet de vapeur vertical sur un corps léger qu'on y applique :

« Les boules dansent de cette manière : une marmite contenant de l'eau et munie d'une ouverture est soumise à l'action du feu, de l'ouverture sort un tube terminé à son extrémité supérieure par une demi-sphère creuse. Si nous jetons une petite boule légère dans la demi-sphère creuse, la vapeur qui sortira par le tube soulèvera la petite boule qui paraîtra danser. »

La forme du vase figuré dans l'ouvrage de Héron indique une *marmite* hermétique-ment fermée par un couvercle qui ne laisse échapper la vapeur produite que par un très-petit orifice. L'usage de la marmite a donc suffi pour donner à l'homme une idée de la force élastique de la vapeur d'eau. La légende historique veut aussi que la marmite munie d'un couvercle fermant à peu près hermétiquement ait révélé la pro-priété expansive de la vapeur à Salomon de Caus et au marquis de Worcester.

Ces deux noms nous entraînent à discuter les titres réels de notre nation à la découverte des forces de la vapeur. Les Anglais trop disputeurs, trop injustes, quand il est question d'inventions, nous ont disputé et nous disputent encore la priorité. Mais comme les dates tranchent ici tout débat, il suffira de dire que Salomon de Caus, né à Dieppe, publia son ouvrage imprimé en 1615, quarante-huit ans avant que le marquis de Worcester n'écrivît à Londres son livre *Century of inventions*, dans lequel on retrouve la bombe à demi remplie d'eau et le tuyau ascensionnel vertical de Salomon de Caus. Le travail de Salomon est intitulé « *Les raisons des forces mouvantes, avec diverses machines, tant utiles que plaisantes, ausquelles sont adjoints plusieurs desseing de grotes et fontaines*, par Salomon de Caus, ingénieur et architecte de Son Altesse Palatine Électorale, à Francfort, en la boutique de Jean Northan, 1616. »

Dans le cours de son travail, Salomon expose clairement et simplement, que la vapeur d'eau condensée donne un volume d'eau précisément égal à celui qui a produit cette vapeur; que la pression de la vapeur formée est assez forte pour faire jaillir l'eau non encore vaporisée en dehors du vase par l'orifice; puis il décrit un appareil propre à faire monter l'eau au-dessus de son niveau à l'aide du feu.

Nous devons mettre en garde nos lecteurs contre les fables débitées sur la fin de Salomon de Caus, qui, suivant de faux récits, serait mort fou à Bicêtre. Salomon de Caus, né en Normandie vers la fin du seizième siècle, est mort paisiblement en 1630, après avoir été architecte-ingénieur en France, en Angleterre et dans le Palatinat.

Quoique Salomon de Caus connût la force motrice de la vapeur d'eau et ait décrit des dispositions mécaniques très-ingénieuses, cependant il ne trouva pas un appareil à vapeur fonctionnant d'une manière utile. Plus d'un demi-siècle devait s'écouler avant que Denis Papin, notre compatriote, reprenant les idées exposées dans les *Forces mouvantes* de Salomon de Caus, inventât la première machine à vapeur à piston et à cylindre.

III

L'APPLICATION

MACHINES A VAPEUR. — LOCOMOTION. — NAVIGATION. — DENIS PAPIN.—JAMES WATT.—CUGNOT.—BLACKETT. —FULTON.—STEPHENSON.—SÉGUIN.

Denis Papin était un protestant français, né à Blois, qui, dès avant la révocation de l'Édit de Nantes, avait vécu en divers pays étrangers. Comme son père, il embrassa la carrière médicale et prit le titre de docteur en médecine. Mais son génie l'entraîna bientôt vers les sciences exactes. Il fit d'abord des expériences sur les substances végétales alimentaires, puis, le 26 janvier 1651, il présenta à la *Société royale de Londres* la première édition du livre où il décrit sa marmite et la soupape de sûreté, publié en anglais sous le titre : *New Digester*. C'était une nouvelle manière de produire à peu de frais des forces mouvantes extrêmement grandes. Dans le même temps, Papin ayant quitté l'Angleterre, écrivit d'Anvers au docteur Croune pour le prier de remettre à la Société la machine à amollir les os qu'il avait laissée à Londres, et à la fin de la première édition de la *Manière d'amollir les os*, il est dit que Papin, qualifié de docte médecin, Français de naissance et expérimenté philosophe cosmopolite, venait, en 1682, de passer par Paris, se rendant à Venise, où il avait été appelé par l'Académie, nouvellement établie, pour perfectionner les arts et les sciences.

Revenu en Angleterre en 1684, Papin fit, aux frais de la Société royale, plusieurs expériences dont il rendait compte lui-même à chaque séance.

En 1699, nous retrouvons Papin dans la

principauté de Hesse; il occupait à Marbourg une chaire de mathématiques. Le 4 mars 1699, il était nommé correspondant de l'Académie des sciences de Paris. Les dernières années de Papin s'écoulèrent dans l'oubli et dans l'indigence. Il mourut en 1708.

Denis Papin imagina le premier de faire intervenir le jeu d'un piston dans la machine à vapeur. Il découvrit que l'eau, étant changée en vapeur par le feu, jouit de la propriété de faire ressort comme l'air, et que l'action de la force élastique de la vapeur pouvait être combinée, dans une même machine à feu, avec la propriété dont cette vapeur jouit. Comprenant toute la portée du moteur universel qu'il avait imaginé, il indiqua explicitement la navigation à vapeur.

L'idée première de Papin avait été d'appliquer sa machine à l'épuisement des eaux; cependant la seule machine d'épuisement qui ait rendu de véritables services est celle

connue sous le nom de *Machine de Newcomens* ou de *Machine atmosphérique*, parce
qu'elle met en jeu la pression de l'atmo-
sphère. Cette invention, due à Cawley,
amena James Watt à découvrir la machine
à vapeur qui a rendu son nom célèbre. En
effet, c'est en réparant un petit modèle de
la machine à vapeur de Newcomens que
Watt songea à améliorer et à réformer le
système de la machine. Bientôt ses re-
cherches ayant été couronnées de succès,
il ajouta à l'ancien dispositif de la machine
un vase totalement distinct du cylindre et
ne communiquant avec lui qu'à l'aide d'un
tube étroit armé d'un robinet. Ce vase, appelé aujourd'hui *condenseur*, est la princi-
pale des inventions de Watt. « Il est peu
d'inventions, grandes et petites, parmi
celles dont les machines actuelles offrent
l'admirable réunion, qui ne soient le développement d'une des premières idées de
Watt, » a dit Arago.

Outre le perfectionnement de la machine

à vapeur, nous devons mettre au compte de James Watt l'invention de la presse à copier les lettres, le chauffage à la vapeur et sa participation à la découverte de la composition de l'eau. Watt devint membre de la Société royale d'Édimbourg, en 1784; en 1785, membre de la Société royale de Londres; en 1808, correspondant de l'Institut de France, et, en 1814, membre associé étranger de l'Académie des sciences. Plusieurs statues de James Watt ont été élevées en Angleterre; mais le monument le plus durable, le plus curieux pour la mémoire de l'illustre inventeur anglais est, à notre avis, son *Éloge historique* lu par Arago dans la séance publique de l'Académie des sciences, le 8 décembre 1834.

En 1784, Watt prit une patente en Angleterre pour l'application de la machine à vapeur aux voitures ordinaires Cependant des essais sérieux de l'application de la vapeur à la locomotion avaient déjà été faits en France par Nicolas-Joseph Cugnot, qui, vers l'année 1765, avait construit une petite machine, un *cabriot*, mû par le feu et par la vapeur d'eau. Le duc de Choiseul, ministre de la guerre, se chargea de faire construire une machine plus puissante et mieux proportionnée sur les mêmes principes. Cette machine fut exécutée à l'Arsenal et éprouvée. « La trop grande violence de ses mouvements, dit un rapport du temps, ne permettait pas de la diriger, et, dès la première épreuve, elle démolit un pan de mur qui se trouvait sur son derrière et fut renversé. »

Le duc de Choiseul ayant été exilé, on cessa de s'occuper de l'invention de Cugnot, qui reçut cependant du gouvernement une pension de 600 livres.

Vint la Révolution. Le ministre Roland donna un avis favorable sur le nouveau mode de locomotion de Cugnot, et proposa, après en avoir fait l'éloge, qu'il fût soumis de nouveau à l'examen d'une réunion d'hommes compétents. La proposition du citoyen Roland n'eut pas de suite, et nous ne voyons reparaître la machine Cugnot qu'en 1798. Voici la note qui se trouve sur le registre des procès-verbaux de l'Institut de l'an VI :

« Les citoyens Coulomb, Percier, Bonaparte et Prony sont chargés de faire un rapport sur la machine du citoyen Cugnot, qui présente en même temps des vues sur le meilleur moyen d'appliquer l'action de la vapeur au transport des fardeaux. »

Le 27 juillet 1799, le citoyen Molard, directeur du Conservatoire des Arts-et-Métiers, écrivit au ministre de l'intérieur pour le prier d'inviter le ministre de la guerre à faire transporter la machine Cugnot de l'Arsenal au Conservatoire, comme modèle aux artistes.

En effet, l'année suivante la machine fut enterrée dans une des salles du Conservatoire, où on peut encore la voir aujourd'hui.

A la suite d'un rapport favorable fait par

une commission de l'Institut, Cugnot reçut de Bonaparte, premier consul, une pension de 1,000 livres. La France est le pays des pensions et des fonctions, mais non celui des réalisations. N'aurait-il pas été plus rationnel de faire marcher la machine Cugnot, que de donner la triste fiche de consolation de mille livres par an à l'inventeur, qui mourut sans avoir vu fonctionner sa machine? Cependant les Américains et les Anglais, plus vifs et plus intelligents que nous dans la pratique des choses, mirent à profit les idées de Cugnot. En 1804, année de la mort de Cugnot, les locomotives commençaient à marcher sur les chemins de fer des mines de New-castle.

Blenkisop construisit, en 1811, pour les chemins de fer de Middleton à Leeds, des machines locomotives dans lesquelles les roues n'avaient pas d'autre fonction que de supporter l'appareil. A son tour, Blackett démontra, en 1822, que le frottement ou

l'adhérence des roues sur le rail donnait
un point d'appui suffisant pour mettre en
mouvement la locomotive avec une charge
raisonnable. Cependant on partait de ce
principe qui est devenu la base du système
actuel de la locomotion. Blackett n'avait
pourtant construit qu'une machine fort
imparfaite, déraillant et s'arrêtant souvent.
Il appartenait à un simple ouvrier mineur,
à George Stephenson, de faire sortir la locomotion de son enfance, d'établir la première machine dont on pût réellement tirer
parti. Aidé par lord Ravensworth, Stephenson trouva le moyen de remédier aux
deux défauts capitaux des anciennes machines : le manque d'adhérence et de puissance. En rétrécissant l'orifice d'échappe-
ment de la machine, il augmenta le tirage
par le jet de vapeur, et doubla ainsi du
premier coup la production de vapeur. Il
obtint l'adhérence en accouplant les quatre
roues de la machine au moyen d'une chaîne
sans fin enroulée sur deux roues dentées

portées par le milieu de chaque essieu.

Après une vive polémique, une enquête faite par le parlement anglais a établi que George Stephenson est le véritable inventeur de la lampe, dite lampe Davy, invention aussi importante que le perfectionnement de la locomotive par le jet de vapeur et l'adhérence, car chaque année, en Europe, des milliers de mineurs mouraient victimes des explosions de gaz, tandis qu'avec la *lampe de sûreté* ils n'ont plus rien à craindre du *grisou*.

Le meilleur biographe de Stephenson, M. Perdonnet, admet la possibilité que le célèbre chimiste Davy eût découvert la lampe de sûreté des mineurs en même temps que Stephenson. Dans un banquet qui lui fut offert par la ville de Newcastle, Stephenson raconta qu'il avait été victime lui-même, par l'insuffisance de son instruction, de ces déconvenues d'inventeurs trouvant une chose inventée avant eux. « Après une journée laborieuse, disait-il,

je passais une partie des nuits à raccom-
moder les montres de mes voisins, afin de
pouvoir donner à mon fils l'éducation qui
m'a fait défaut. J'ai cherché surtout à lui
éviter ce travail stérile auquel je me suis
livré dans ma jeunesse, lorsque je cher-
chais le mouvement perpétuel, et lorsque
j'inventais ce que d'autres avaient inventé
avant moi. »

Ce digne père a été récompensé de ses
sacrifices. Son fils, le premier ingénieur de
l'Angleterre, siége au parlement.

Après avoir construit le chemin de fer
de Liverpool à Manchester, George Stephenson se retira à la campagne, à Tapton,
où il mourut dans sa soixante-septième
année. La ville de Liverpool a élevé une
statue à George Stephenson.

Un neveu de Montgolfier, l'inventeur des
ballons, est l'inventeur de la locomotive à
grande vitesse et des ponts en fil de fer.

Marc Séguin se distingua en 1820 dans
la carrière des constructions civiles en con-

struisant le pont suspendu en fil de fer de
Tournon, qui ne coûta que 200,000 fr., tandis qu'un pont en pierre eût coûté 600,000
francs. Il devait ces magnifiques résultats,
qui étonnèrent tous les ingénieurs de la
France, à ses expériences sur la résistance
du fer employé sous différentes formes. Un
grand nombre de ponts en fil de fer, en y
comprenant celui que les Américains ont
jeté l'année dernière pour le passage d'un
chemin de fer sur le Niagara, ont été construits d'après les procédés de Séguin.

Ce fut en 1825 que Marc Séguin obtint
avec son frère la concession du chemin de
fer de Saint-Étienne à Lyon, sur lequel il
fit l'application de la *chaudière tubulaire* à la
locomotion. L'expérience réussit parfaite-
ment; les chaudières tubulaires, produi-
sant plus de vapeur que les anciennes machines et donnant sans danger la grande
vitesse, furent appliquées à toutes les machines locomotives. Non-seulement la chaudière tubulaire a fait la fortune des chemins

de fer, mais elle est encore employée sur
une grande échelle dans les machines de
bateaux à vapeur dont nous avons à re-
later l'historique.

Le marquis de Jouffroy est le premier
qui ait construit un bateau à vapeur de
grande dimension, en 1782, à Lyon. La
communication du mouvement au bateau,
tout à fait conforme à celle que Papin avait
indiquée, était due à l'action d'une double
crémaillère à crochets. Le marquis de Jouffroy réussit à remonter pendant un quart-
d'heure le courant de la Saône. Mais le
ministre Calonne, qui avait été sollicité de
donner un privilége de quinze ans, refusa,
en alléguant que l'épreuve faite à Lyon
n'avait pas été décisive et ne remplissait
pas les conditions requises.

En 1798 se trouvait à Paris un Améri-
cain qui avait fait de pressantes et inutiles
instances auprès du gouvernement français
pour l'adoption de divers projets de bateaux sous-marins, et son but n'était rien

moins que la destruction des forces mari-
times de l'Angleterre. Robert Fulton serait
probablement mort ignoré et misérable,
s'il n'avait rencontré un homme d'esprit et
d'initiative, le représentant de sa nation,
M. Livingston, qui l'encouragea et l'aida à
construire un bateau à vapeur sur la Seine.
Malheureusement, le bateau, trop faible
pour supporter le poids et l'action de la
machine, se rompit au centre et coula. Ce
que voyant, Robert Fulton se livra à tous
les mouvements de désespoir de l'inventeur
déçu. Mais le bon génie de Fulton, le gé-
néreux et courageux Livingston, le releva
de son abattement. Un second bateau fut
éprouvé à la fin de l'année 1803, en présence de plusieurs membres de l'Institut
et d'une foule curieuse. Cette fois, l'expérience réussit à merveille. La navigation à
vapeur était trouvée!

Fier à juste titre des succès de son invention, Fulton proposa au gouvernement
français, en hostilité avec l'Angleterre,

d'employer des bâtiments à vapeur pour traverser la Manche contre vent et marée, et de descendre à coup sûr en Angleterre. Mais Bonaparte, qui avait pourtant secouru Fulton de sommes d'argent, n'accueillit pas sa proposition. Une lettre de Napoléon à l'Institut, datée du camp de Boulogne, que nous allons citer, est contestée par les uns, accueillie par les autres; en présence de cette controverse et dans le doute, on ne peut accepter ce document qu'à l'état apocryphe. Le voici :

« Monsieur de Champagny, je viens de lire le projet du citoyen Fulton, ingénieur, que vous m'avez adressé beaucoup trop tard, EN CE QU'IL PEUT CHANGER LA FACE DU MONDE. Quoi qu'il en soit, je désire que vous en confiiez l'examen à *une commission composée de membres choisis par vous dans les différentes classes de l'Institut.* C'est là que l'Europe savante irait chercher des juges pour résoudre la question dont il s'agit. *Une grande vérité, une vérité physique, palpable est devant mes yeux.* Ce sera à ces messieurs de la voir et de tâcher de la saisir. Aussitôt le rapport fait, il vous sera transmis, et vous me l'enverrez. Tâchez que tout cela ne soit pas l'affaire de plus de huit jours, car je suis impatient. Et sur ce, monsieur de Champagny, je prie Dieu de vous avoir en sa digne garde.

« De mon camp de Boulogne, 21 juillet 1804.

« NAPOLÉON. »

Ces *messieurs,* comme Napoléon appelait les membres de l'Institut, ne comprirent rien ou ne voulurent rien comprendre à l'invention de Fulton qualifiée par eux *d'idée folle, d'absurde, d'erreur grossière.* Ils lui refusèrent formellement leur sanction. Ce trait d'aveuglement systématique est certes la plus éclatante critique de la science officielle. Repoussé par l'Institut, Robert Fulton, toujours encouragé par Livingston, retourna aux États-Unis, où il obtint

la prolongation du brevet de son protec-
teur. Il construisit à New-York, en 1807,
un bateau à vapeur pourvu de la machine
de Watt, qui avait été expédiée d'Angleterre, et cette même année, il accomplit
heureusement une navigation de 240 kilomètres, de New-York à Albany, avec deux
Français, les seuls qui eussent osé l'accom-
pagner dans ce périlleux voyage maritime
à la vapeur.

Fulton, de retour à New-York, pria un
de ses compagnons de voyage d'annoncer
le succès complet de son entreprise à Car-
not qui, contre l'avis du ministre de la
marine Decrès, l'avait encouragé en lui di-
sant :

« Si j'avais encore l'honneur d'être ministre de la guerre, je n'hésiterais pas un
instant à vous donner les moyens de faire
cet essai, dont l'entière réussite est indu-
bitable, car je comprends tous les moyens
d'action, et j'en entrevois les immenses résultats pour l'avenir. »

Ainsi, par l'opposition aveugle d'un ministre de la marine et des membres de l'Institut, la France perdait l'honneur et l'avantage de donner naissance à la navigation à vapeur; elle repoussait Fulton comme elle avait neutralisé et découragé Cugnot, de sorte qu'elle laissa réaliser deux des plus belles inventions modernes, la navigation et la locomotion à vapeur, par l'Amérique et l'Angleterre.

Il semble vraiment que notre pays se cantonne systématiquement dans la routine, le préjugé, l'antiquaille, dans le dédain de toute innovation. Toutes les fois qu'une grande idée industrielle est conçue chez lui, c'est à l'étranger qu'elle est obligée de chercher un refuge et de demander des lettres de naturalisation. Pour les Prométhées de l'innovation, nous n'avons que le rocher et les vautours !

Le tableau comparatif du développement des chemins de fer en France, en Angleterre et aux États-Unis, donne les résultats suivants :

	Longueur exploitée.	Par million d'habitants.
France.	9 076 kilom.	255 kilom.
Angleterre. . . .	10 220	570
États-Unis. . . .	41 900	1 800

Les réseaux concédés en cours d'exécution et supposés terminés donneront les proportions suivantes :

	Longueur exploitée.	Par million d'habitants.
France.	16 350 kilom.	460 kilom.
Angleterre. . . .	15 550	865
États-Unis. . . .	58 000	2 500

La dépense faite en France pour la construction des chemins terminés s'élève à plus de trois milliards; lorsque tout le réseau concédé sera terminé, elle s'élèvera à près de sept milliards.

« Les salaires sur cette dépense de 3 milliards 1/2 environ sont de 91 pour 100, soit de 3 milliards 200,000 fr. en vingt-deux ans, soit par an 145,000,000 fr. Le produit brut annuel de l'exploitation est de 387 millions et la dépense en salaires à prélever sur ce produit brut est de 180 millions.

Ne sont pas comptés dans les salaires qui sont un accroissement de richesse nationale, les salaires indirects qu'entraînent les chemins de fer, tels que les constructions, les usines particulières qui se sont créées par suite de l'établissement du chemin de fer.

La surface occupée par les chemins du globe construits sera de 2,956,572 kilomètres, environ la dix-huitième partie du territoire français.

Le capital engagé dans les chemins de fer construits depuis trente années sur la surface du globe dépasse *vingt milliards*. Lorsque tous les réseaux concédés seront terminés, le capital engagé aura été de *quarante milliards*.

Dans le monde entier, le travail des locomotives est de 4,150,000 chevaux de vapeur.

Le parcours annuel de toutes les machines du globe équivaut à 884,790,000 kilomètres, soit 22,119 fois le tour du globe, et il sera dans quelques années de 2,293,145,000 kilomètres, soit 57,329 fois le tour du globe, égal à 6,822 fois la distance de la terre à la lune, et à 15 fois celle de la terre au soleil.

En 1855, 110 millions de voyageurs ont parcouru chacun, en moyenne, dix-neuf kilomètres. R. Stephenson fait, à cet égard, le calcul suivant : Le temps nécessaire pour ce trajet de dix-neuf kilomètres sur un chemin de fer est d'environ une demi-heure. Sur les routes ordinaires, il était de une heure et demie; chaque voyageur, par la substitution du chemin de fer aux routes, a donc gagné une heure, et 110 millions de voyageurs 110 millions d'heures, égales à 13,750,000 journées de huit heures. La journée d'homme étant payée en moyenne 3 schellings (3 fr. 75 c.), la somme dont l'Angleterre a bénéficié chaque année sur le travail de la population qui voyage est de 13,750.000 $+$ 3 schellings, ou de 2 millions de livres sterl. (50 millions de fr.). Les mêmes calculs faits pour la France donnent 45 millions, qui doivent être ajoutés aux ressources créées par les chemins de fer.

Les chemins de fer sont de toutes les voies de communication la moins dangereuse. La vie des voyageurs était plus fréquemment et plus sérieusement menacée dans les diligences et sur les bateaux.

Depuis l'origine des chemins de fer on compte en France un mort sur 1,050,000 voyageurs, tandis que par les messageries il y a eu en dix années, en France, un mort sur 355,000 voyageurs. Dans la navigation, de 1852 à 1856, 1,500 navires sur 30,000 et vingt individus sur cent voyageurs ont péri.

On voit par ces chiffres éloquents que le chemin de fer offre infiniment plus de sécurité pour le voyage que la navigation et que les diligences. Le chemin de fer prévient les accidents par l'emploi de la télégraphie électrique, en attendant que l'usage de nouveaux freins les rende tout à fait impossibles.

FIN.

Tours, typ. E. Mazereau.